Catullus

Soles occidere et redire possunt:
5 Nobis, cum semel occidit breuis lux,
Nox est perpetua una dormienda.
Da mi basia mille, deinde centum,
Dein mille altera, dein secunda centum,
Deinde usque altera mille, deinde centum,
10 Dein, cum milia multa fecerimus,
Conturbabimus illa, ne sciamus,
Aut ne quis malus inuidere possit,
Cum tantum sciat esse basiorum.

6.

Flaui, delicias tuas Catullo,
Ni sint inlepidae atque inelegantes,
Velles dicere, nec tacere posses.
Verum nescio quid febriculosi
5 Scorti diligis : hoc pudet fateri.
Nam te non uiduas iacere noctes
Nequiquam tacitum cubile clamat
Sertis ac Syrio fragrans oliuo,
Puluinusque peraeque et hic et ille
10 Attritus, tremulique quassa lecti
Argutatio inambulatioque.
Nam nil stupra ualet, nihil, tacere.
Cur? non tam latera ecfututa pandas,
Ni tu quid facias ineptiarum.
15 Quare, quidquid habes boni malique,
Dic nobis : uolo te ac tuos amores
Ad caelum lepido uocare uersu.

At tu dolebis, cum rogaberis nulla.
15   Scelesta, uae te! quae tibi manet uita!
Quis nunc te adibit? cui uideberis bella?
Quem nunc amabis? cuius esse diceris?
Quem basiabis? cui labella mordebis?
At tu, Catulle, destinatus obdura.

9.

Verani, omnibus e meis amicis
Antistans mihi milibus trecentis,
Venistine domum ad tuos penates
Fratresque unanimos anumque matrem?
5   Venisti! o mihi nuntii beati!
Visam te incolumem audiamque Hiberum
Narrantem loca, facta, nationes,
Vt mos est tuus, applicansque collum
Iucundum os oculosque sauiabor.
10   O, quantum est hominum beatiorum,
Quid me laetius est beatiusue?

10.

Varus me meus ad suos amores
Visum duxerat e foro otiosum,
Scortillum, ut mihi tunc repente uisum est,
Non sane inlepidum neque inuenustum.
5   Huc ut uenimus, incidere nobis
Sermones uarii, in quibus, quid esset
Iam Bithynia, quo modo se haberet,

II.

Furi et Aureli, comites Catulli,
Siue in extremos penetrabit Indos,
Litus ut longe resonante Eoa
    Tunditur unda,

5 Siue in Hyrcanos Arabasue molles,
Seu Sacas sagittiferosue Parthos,
Siue quae septemgeminus colorat
    Aequora Nilus,

Siue trans altas gradietur Alpes
10 Caesaris uisens monimenta magni,
Gallicum Rhenum, horribile aequor, ulti-
    mosque Britannos,

Omnia haec, quaecumque feret uoluntas
Caelitum, temptare simul parati,
15 Pauca nuntiate meae puellae
    Non bona dicta.

Cum suis uiuat ualeatque moechis,
Quos simul complexa tenet trecentos,
Nullum amans uere, sed identidem omnium
20   Ilia rumpens;

Nec meum respectet, ut ante, amorem,
Qui illius culpa cecidit uelut prati
Vltimi flos, praetereunte postquam
    Tactus aratro est.

Sed contra accipies meros amores
10 Seu quid suauius elegantiusue est :
Nam unguentum dabo, quod meae **puellae**
Donarunt Veneres Cupidinesque,
Quod tu cum olfacies, deos rogabis
Totum ut te faciant, Fabulle, nasum.

14.

Ni te plus oculis meis amarem,
Iucundissime Calue, munere isto
Odissem te odio Vatiniano :
Nam quid feci ego quidue sum locutus,
5 Cur me tot male perderes poetis ?
Isti di mala multa dent clienti
Qui tantum tibi misit Impiorum.
Quod si, ut suspicor, hoc nouum ac repertum
Munus dat tibi Sulla litterator,
10 Non est mi male, sed bene ac beate,
Quod non dispereunt tui labores.
Di magni, horribilem et sacrum libellum,
Quem tu scilicet ad tuum Catullum
Misti, continuo ut die periret,
15 Saturnalibus, optimo dierum !
Non, non hoc tibi, false, sic abibit :
Nam, si luxerit, ad librariorum
Curram scrinia, Caesios, Aquinos,
Suffenum, omnia colligam uenena,
20 Ac te his suppliciis remunerabor.
Vos hinc interea ualete, abite

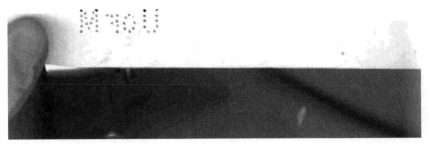

16.

Pedicabo ego uos et irrumabo,
Aureli pathice et cinaede Furi,
Qui me ex uersiculis meis putastis,
Quod sunt molliculi, parum pudicum.
5 Nam castum esse decet pium poetam
Ipsum, uersiculos nihil necesse est,
Qui tum denique habent salem ac leporem,
Si sunt molliculi ac parum pudici
Et quod pruriat incitare possunt,
10 Non dico pueris, sed his pilosis,
Qui duros nequeunt mouere lumbos.
Vos quod milia multa basiorum
Legistis, male me marem putatis?
Pedicabo ego uos et irrumabo.

17.

O Colonia, quae cupis ponte ludere longo,
Et salire paratum habes, sed uereris inepta
Crura ponticuli assulis stantis in rediuiuis,
Ne supinus eat cauaque in palude recumbat,
5 Sic tibi bonus ex tua pons libidine fiat,
In quo uel Salisubsili sacra suscipiantur,
Munus hoc mihi maximi da, Colonia, risus.
Quendam municipem meum de tuo uolo ponte
Ire praecipitem in lutum per caputque pedesque,
10 Verum totius ut lacus putidaeque paludis
Liuidissima maximeque est profunda uorago.

22.

Suffenus iste, Vare, quem probe nosti,
Homo est uenustus et dicax et urbanus,
Idemque longe plurimos facit uersus.
Puto esse ego illi milia aut decem aut plura
5   Perscripta, nec sic, ut fit, in palimpsesto
Relata: chartae regiae, noui libri,
Noui umbilici, lora, rubra membrana,
Derecta plumbo et pumice omnia aequata.
Haec cum legas tu, bellus ille et urbanus
10   Suffenus unus caprimulgus aut fossor
Rursus uidetur : tantum abhorret ac mutat.
Hoc quid putemus esse ? Qui modo scurra
Aut si quid hac re tritius uidebatur,
Idem infaceto est infacetior rure
15   Simul poemata attigit, neque idem unquam
Aeque est beatus ac poema cum scribit :
Tam gaudet in se tamque se ipse miratur.
Nimirum idem omnes fallimur, neque est quisquam
Quem non in aliqua re uidere Suffenum
20   Possis. Suus cuique attributus est error,
Sed non uidemus manticae quod in tergo est.

23.

Furi, cui neque seruus est neque arca
Nec cimex neque araneus neque ignis,
Verum est et pater et nouerca, quorum
Dentes uel silicem comesse possunt,

Isti cui neque seruus est neque arca,
Quam sic te sineres ab illo amari.
'Quid? Non est homo bellus?' inquies. Est:
Sed bello huic neque seruus est neque arca.
Hoc tu quam libet abice eleuaque:
10   Nec seruum tamen ille habet neque arcam.

25.

Cinaede Thalle, mollior cuniculi capillo
Vel anseris medullula uel imula auricilla
Vel pene languido senis situque araneoso,
Idemque Thalle turbida rapacior procella,
5   Cum † diua mulier aries ostendit oscitantes,
Remitte pallium mihi meum quod inuolasti
Sudariumque Saetabum catagraphosque Thynos,
Inepte, quae palam soles habere tanquam auita.
Quae nunc tuis ab unguibus reglutina et remitte,
10   Ne laneum latusculum manusque mollicellas
Inusta turpiter tibi flagella conscribillent,
Et insolenter aestues uelut minuta magno
Deprensa nauis in mari uesaniente uento.

26.

Furi, uillula uestra non ad Austri
Flatus opposita est neque ad Fauoni
Nec saeui Boreae aut Apeliotae,
Verum ad milia quindecim et ducentos.
5   O uentum horribilem atque pestilentem!

Mamurram habere quod comata Gallia
Habebat ante et ultima Britannia?
5 Cinaede Romule, haec uidebis et feres?
Et ille nunc superbus et superfluens
Perambulabit omnium cubilia
Vt albulus columbus aut Adoneus?
Cinaede Romule, haec uidebis et feres?
10 Es impudicus et uorax et aleo.
Eone nomine, imperator unice,
Fuisti in ultima occidentis insula,
Vt ista uestra diffututa mentula
Ducenties comesset aut trecenties?
15 Quid est alid sinistra liberalitas?
Parum expatrauit an parum elluatus est?
Paterna prima lancinata sunt bona;
Secunda praeda Pontica; inde tertia
Hibera, quam scit amnis aurifer Tagus.
20 Nunc Galliae timetur et Britanniae.
Quid hunc malum fouetis? aut quid hic potest
Nisi uncta deuorare patrimonia?
Eone nomine † urbis opulentissime
Socer generque, perdidistis omnia?

30.

Alfene immemor atque unanimis false sodalibus,
Iam te nil miseret, dure, tui dulcis amiculi?
Iam me prodere, iam non dubitas fallere, perfide?
Nec facta impia fallacum hominum caelicolis placent;
5 Quae tu neglegis, ac me miserum deseris in malis.

Et si iusseris illud, adiuuato,
5   Ne quis liminis obseret tabellam,
Neu tibi libeat foras abire ;
Sed domi maneas paresque nobis
Nouem continuas fututiones.
Verum, si quid ages, statim iubeto :
10   Nam pransus iaceo et satur supinus
Pertundo tunicamque palliumque.

33.

O furum optime balneariorum
Vibenni pater, et cinaede fili,
(Nam dextra pater inquinatiore,
Culo filius est uoraciore)
5   Cur non exsilium malasque in oras
Itis, quandoquidem patris rapinae
Notae sunt populo, et natis pilosas,
Fili, non potes asse uenditare ?

34.

Dianae sumus in fide
Puellae et pueri integri ;
Dianam pueri integri
    Puellaeque canamus.

5   O Latonia, maximi
Magna progenies Iouis,
Quam mater prope Deliam
    Deposiuit oliuam,

10   Ambas iniciens roget morari,
      Quae nunc, si mihi uera nuntiantur,
      Illum deperit impotente amore :
      Nam quo tempore legit incohatam
      Dindymi dominam, ex eo misellae
15   Ignes interiorem edunt medullam.
      Ignosco tibi, Sapphica puella
      Musa doctior : est enim uenuste
      Magna Caecili̇ incohata Mater.

36.

      Annales Volusi, cacata charta,
      Votum soluite pro mea puella :
      Nam sanctae Veneri Cupidinique
      Vouit, si sibi restitutus essem
5   Desissemque truces uibrare iambos,
      Electissima pessimi poetae
      Scripta tardipedi deo daturam
      Infelicibus ustilanda lignis.
      Et hoc pessima se puella uidit
10   Iocose lepide uouere diuis.
      Nunc, o caeruleo creata ponto,
      Quae sanctum Idalium Vriosque apertos,
      Quaeque Ancona Cnidumque harundinosam
      Colis, quaeque Amathunta, quaeque Golgos,
15   Quaeque Durrachium Hadriae tabernam,
      Acceptum face redditumque uotum,
      Si non inlepidum neque inuenustum est.
      At uos interea uenite in ignem,

Et magis magis in dies et horas.
Quem tu, quod minimum facillimumque est,
5, Qua solatus es adlocutione?
Irascor tibi. Sic meos amores?
Paulum quid libet adlocutionis,
Maestius lacrimis Simonideis.

39.

Egnatius, quod candidos habet dentes,
Renidet usque quaque. Si ad rei uentum est
Subsellium, cum orator excitat fletum,
Renidet ille. Si ad pii rogum fili
5 Lugetur, orba cum flet unicum mater,
Renidet ille. Quidquid est, ubicumque est,
Quodcumque agit, renidet. Hunc habet morbum
Neque elegantem, ut arbitror, neque urbanum.
Quare monendum est te mihi, bone Egnati.
10 Si urbanus esses aut Sabinus aut Tiburs
Aut parcus Vmber aut obesus Etruscus
Aut Lanuuinus ater atque dentatus
Aut Transpadanus, ut meos quoque attingam,
Aut qui libet qui puriter lauit dentes,
15 Tamen renidere usque quaque te nollem ;
Nam risu inepto res ineptior nulla est.
Nunc Celtiber es : Celtiberia in terra,
Quod quisque minxit, hoc sibi solet mane
Dentem atque russam defricare gingiuam,
20 Vt quo iste uester expolitior dens est,
Hoc te amplius bibisse praedicet loti.

Persequamur eam, et reflagitemus.
Quae sit quaeritis ?   Illa quam uidetis
Turpe incedere, mimice ac moleste
Ridentem catuli ore Gallicani.
10   Circumsistite eam, et reflagitate :
' Moecha putida, redde codicillos,
Redde, putida moecha, codicillos.'
Non assis facis ? o lutum, lupanar,
Aut si perditius potes quid esse.
15   Sed non est tamen hoc satis putandum.
Quod si non aliud potest, ruborem
Ferreo canis exprimamus ore.
Conclamate iterum altiore uoce
' Moecha putida, redde codicillos,
20   Redde, putida moecha, codicillos.'
Sed nil proficimus, nihil mouetur.
Mutanda est ratio modusque nobis,
Siquid proficere amplius potestis,
' Pudica et proba, redde codicillos.'

43.

Salue, nec minimo puella naso
Nec bello pede nec nigris ocellis
Nec longis digitis nec ore sicco
Nec sane nimis elegante lingua,
5   Decoctoris amica Formiani.
Ten prouincia narrat esse bellam ?
Tecum Lesbia nostra comparatur ?
O saeclum insapiens et infacetum !

5 Quantum qui pote plurimum perire,
  Solus in Libya Indiaque tosta
  Caesio ueniam obuius leoni.'
  Hoc ut dixit, Amor, sinistra ut ante,
  Dextra sternuit adprobationem.
10 At Acme leuiter caput reflectens
  Et dulcis pueri ebrios ocellos
  Illo purpureo ore sauiata
  'Sic' inquit, 'mea uita, Septimille,
  Huic uni domino usque seruiamus,
15 Vt multo mihi maior acriorque
  Ignis mollibus ardet in medullis.'
  Hoc ut dixit, Amor, sinistra ut ante,
  Dextra sternuit adprobationem.
  Nunc ab auspicio bono profecti
20 Mutuis animis amant amantur.
  Vnam Septimius misellus Acmen
  Mauult quam Syrias Britanniasque :
  Vno in Septimio fidelis Acme
  Facit delicias libidinesque.
25 Quis ullos homines beatiores
  Vidit, quis Venerem auspicatiorem ?

46.

Iam uer egelidos refert tepores,
Iam caeli furor aequinoctialis
Iucundis Zephyri silescit auris.
Linquantur Phrygii, Catulle, campi
5 Nicaeaeque ager uber aestuosae :

Quotque post aliis erunt in annis,
Gratias tibi maximas Catullus
5 Agit pessimus omnium poeta,
Tanto pessimus omnium poeta
Quanto tu optimus omnium patronus.

50.

Hesterno, Licini, die otiosi
Multum lusimus in meis tabellis,
Vt conuenerat esse delicatos.
Scribens uersiculos uterque nostrum
5 Ludebat numero modo hoc modo illoc,
Reddens mutua per iocum atque uinum.
Atque illinc abii tuo lepore
Incensus, Licini, facetiisque,
Vt nec me miserum cibus iuuaret,
10 Nec somnus tegeret quiete ocellos,
Sed toto indomitus furore lecto
Versarer cupiens uidere lucem,
Vt tecum loquerer simulque ut essem.
At defessa labore membra postquam
15 Semimortua lectulo iacebant,
Hoc, iucunde, tibi poema feci,
Ex quo perspiceres meum dolorem.
Nunc audax caue sis, precesque nostras,
Oramus, caue despuas, ocelle,
20 Ne poenas Nemesis reposcat a te.
Est uehemens dea : laedere hanc caueto.

Meus crimina Caluus explicassęt,
Admirans ait haec manusque tollens
5 'Di magni, salaputium disertum!'

54.

Othonis caput oppido est pusillum,
     *
Et eri rustica semilauta crura,
Subtile et leue peditum Libonis,
     *
Si non omnia, displicere uellem
5 Tibi et Fuficio, seni recocto
     *
Irascere iterum meis iambis
Immerentibus, unice imperator.

55.

Oramus, si forte non molestum est,
Demonstres ubi sint tuae tenebrae.
Te campo quaesiuimus minore,
Te in circo, te in omnibus libellis,
5 Te in templo summi Iouis sacrato.
In Magni simul ambulatione
Femellas omnes, amice, prendi,
Quas uultu uidi tamen serenas.
† A uelte sic ipse flagitabam :
10 'Camerium mihi, pessimae puellae!'
Quaedam inquit nudum † reduc . . .
'En hic in roseis latet papillis.'

Riuales socii puellularum :
10   Pulchre conuenit improbis cinaedis.

58.

Caeli, Lesbia nostra, Lesbia illa,
Illa Lesbia, quam Catullus unam
Plus quam se atque suos amauit omnes,
Nunc in quadriuiis et angiportis
5   Glubit magnanimi Remi nepotes.

58ᵇ.

Non custos si fingar ille Cretum,
Non si Pegaseo ferar uolatu,
Non Ladas ego pinnipesue Perseus,
Non Rhesi niueae citaeque bigae :
5   Adde huc plumipedes uolatilesque,
Ventorumque simul require cursum,
Quos uinctos, Cameri, mihi dicares :
Defessus tamen omnibus medullis
Et multis langoribus peresus
10   Essem te mihi, amice, quaeritando.

59.

Bononiensis Rufa Rufulum fellat,
Vxor Meneni, saepe quam in sepulcretis
Vidistis ipso rapere de rogo cenam,
Cum deuolutum ex igne prosequens panem
5   Ab semiraso tunderetur ustore.

Floridis uelut enitens
Myrtus Asia ramulis,
Quos hamadryades deae
Ludicrum sibi rosido
25 Nutriunt humore. *turning this way*

Quare age, huc aditum ferens,
Perge linquere Thespiae
Rupis Aonios specus,
Nympha quos super irrigat
30 Frigerans Aganippe,

Ac domum dominam uoca
Coniugis cupidam noui,
Mentem amore reuinciens
Vt tenax hedera huc et huc
35 Arborem implicat errans.

Vosque item simul, integrae
Virgines, quibus aduenit
Par dies, agite in modum
Dicite 'O Hymenaee Hymen,
40 O Hymen Hymenaee,'

Vt libentius, audiens
Se citarier ad suum
Munus, huc aditum ferat
Dux bonae Veneris, boni
45 Coniugator amoris.

Quis deus magis anxiis
Est petendus amantibus?
Quem colent homines magis

Claustra pandite ianuae,
Virgo adest.   Viden ut faces
Splendidas quatiunt comas?

80 . . . . .

. . . . .

. . . . .

Tardet ingenuus pudor :
Quem tamen magis audiens
85 Flet quod ire necesse est.

Flere desine.   Non tibi, Au-
runculeia, periculum est
Nequa femina pulchrior
Clarum ab Oceano diem
90 Viderit uenientem.

Talis in uario solet
Diuitis domini hortulo
Stare flos hyacinthinus.
Sed moraris, abit dies :
95 Prodeas, noua nupta.

Prodeas, noua nupta, si
Iam uidetur, et audias
Nostra uerba.   Vide ut faces
Aureas quatiunt comas :
100 Prodeas, noua nupta.

Non tuus leuis in mala
Deditus uir adultera

Da nuces pueris, iners
Concubine : satis diu
Lusisti nucibus : libet
Iam seruire Talasio.
135   Concubine, nuces da.

Sordebant tibi uilicae,
Concubine, hodie atque heri :
Nunc tuum cinerarius
Tondet os. Miser ah miser
140   Concubine, nuces da.

Diceris male te a tuis
Vnguentate glabris marite
Abstinere : sed abstine.
O Hymen Hymenaee io,
145   O Hymen Hymenaee.

Scimus haec tibi quae licent
Sola cognita : sed marito
Ista non eadem licent.
O Hymen Hymenaee io,
150   O Hymen Hymenaec.

Nupta, tu quoque quae tuus
Vir petet caue ne neges,
Ne petitum aliunde eat.
O Hymen Hymenaee io,
155   O Hymen Hymenaee.

En tibi domus ut potens
Et beata uiri tui :

O bonae senibus unis
Cognitae bene feminae,
Conlocate puellulam.
O Hymen Hymenaee io,
190   O Hymen Hymenaee.

Iam licet uenias, marite :
Vxor in thalamo tibi est
Ore floridulo nitens
Alba parthenice uelut
195   Luteumue papauer.

At, marite, (ita me iuuent
Caelites) nihilo minus
Pulcher es, neque te Venus
Neglegit.   Sed abit dies :
200   Perge, ne remorare.

Non diu remoratus es,
Iam uenis.   Bona te Venus
Iuuerit, quoniam palam
Quod cupis cupis et bonum
205   Non abscondis amorem.

Ille pulueris Africi
Siderumque micantium
Subducat numerum prius,
Qui uestri numerare uult
210   Multa milia ludi.

Ludite ut libet, et breui
Liberos date.   Non decet

Surgere iam tempus, iam pinguis linquere mensas;
Iam ueniet uirgo, iam dicetur hymenaeus.
5 Hymen o Hymenaee, Hymen ades o Hymenaee.
Cernitis, innuptae, iuuenes? consurgite contra:
Nimirum Oetaeos ostendit Noctifer ignes.
Sic certe est: uiden ut perniciter exsiluere?
Non temere exsiluere; canent quod uincere par est.
10 Hymen o Hymenaee, Hymen ades o Hymenaee.

Non facilis nobis, aequales, palma parata est:
Adspicite, innuptae secum ut meditata requirunt.
Non frustra meditantur; habent memorabile quod sit.
Nec mirum, penitus quae tota mente laborant.
15 Nos alio mentes, alio diuisimus aures:
Iure igitur uincemur; amat uictoria curam.
Quare nunc animos saltem conuertite uestros:
Dicere iam incipient, iam respondere decebit.
Hymen o Hymenaee, Hymen ades o Hymenaee.

20 Hespere, qui caelo fertur crudelior ignis?
Qui natam possis complexu auellere matris,
Complexu matris retinentem auellere natam
Et iuueni ardenti castam donare puellam.
Quid faciunt hostes capta crudelius urbe?
25 Hymen o Hymenaee, Hymen ades o Hymenaee.
Hespere, qui caelo lucet iucundior ignis?
Qui desponsa tua firmes conubia flamma,
Quae pepigere uiri, pepigerunt ante parentes,
Nec iunxere prius quam se tuus extulit ardor.
30 Quid datur a diuis felici optatius hora?
Hymen o Hymenaee, Hymen ades o Hymenaee.

50 'Patria o mei creatrix, patria o mea genetrix,
Ego quam miser relinquens, dominos ut erifugae
Famuli solent, ad Idae tetuli nemora pedem,
Vt apud niuem et ferarum gelida stabula forem
Et earum omnia adirem furibunda latibula,

55 Vbinam aut quibus locis te positam, patria, reor?
Cupit ipsa pupula ad te sibi derigere aciem,
Rabie fera carens dum breue tempus animus est.
Egone a mea remota haec ferar in nemora domo?
Patria, bonis, amicis, genitoribus abero?

60 Abero foro, palaestra, stadio, et gymnasiis?
Miser ah miser, querendum est etiam atque etiam,
anime.
Quod enim genus figurae est ego non quod obierim?
Ego mulier, ego adulescens, ego ephebus, ego puer,
Ego gymnasi fui flos, ego eram decus olei:

65 Mihi ianuae frequentes, mihi limina tepida,
Mihi floridis corollis redimita domus erat,
Linquendum ubi esset orto mihi sole cubiculum.
Ego nunc deum ministra et Cybeles famula ferar?
Ego maenas, ego mei pars, ego uir sterilis ero?

70 Ego uiridis algida Idae niue amicta loca colam?
Ego uitam agam sub altis Phrygiae columinibus,
Vbi cerua siluicultrix, ubi aper nemoriuagus?
Iam iam dolet quod egi, iam iamque paenitet.'
Roseis ut huic labellis sonitus citus abiit

75 Geminas deorum ad aures noua nuntia referens,
Ibi iuncta iuga resoluens Cybele leonibus
Laeuumque pecoris hostem stimulans ita loquitur.
'Agedum' inquit, 'age ferox i, fac ut hunc furor agitet,

Tortaque remigio spumis incanduit unda,
Emersere freti candenti e gurgite uultus
15 Aequoreae monstrum Nereides admirantes.
Illa, siqua alia, uiderunt luce marinas
Mortales oculis nudato corpore nymphas
Nutricum tenus exstantes e gurgite cano.
Tum Thetidis Peleus incensus fertur amore,
20 Tum Thetis humanos non despexit hymenaeos,
Tum Thetidi pater ipse iugandum Pelea sensit.
'O nimis optato saeclorum tempore nati
Heroes, saluete, deum genus, o bona matrum
23b Progenies, saluete iterum . . .
Vos ego saepe meo, uos carmine compellabo,
25 Teque adeo eximie taedis felicibus aucte
Thessaliae columen Peleu, cui Iuppiter ipse,
Ipse suos diuum genitor concessit amores.
Tene Thetis tenuit pulcherrima Nereine?
Tene suam Tethys concessit ducere neptem
30 Oceanusque, mari totum qui amplectitur orbem?
Quae simul optatae finito tempore luces
Aduenere, domum conuentu tota frequentat
Thessalia, oppletur laetanti regia coetu:
Dona ferunt prae se, declarant gaudia uultu.
35 Deseritur Cieros, linquunt Phthiotica Tempe
Crannonisque domos ac moenia Larisaea,
Pharsalum coeunt, Pharsalia tecta frequentant.
Rura colit nemo, mollescunt colla iuuencis,
Non humilis curuis purgatur uinea rastris,
40 Non glaebam prono conuellit uomere taurus,
Non falx attenuat frondatorum arboris umbram,

Spinosas Erycina serens in pectore curas
Illa tempestate, ferox quo ex tempore Theseus
Egressus curuis e litoribus Piraei
75 Attigit iniusti regis Gortynia tecta.
　Nam perhibent olim crudeli peste coactam
Androgeoneae poenas exsoluere caedis
Electos iuuenes simul et decus innuptarum
Cecropiam solitam esse dapem dare Minotauro.
80 Quis angusta malis cum moenia uexarentur,
Ipse suum Theseus pro caris corpus Athenis
Proicere optauit potius quam talia Cretam
Funera Cecropiae nec funera portarentur.
Atque ita naue leui nitens ac lenibus auris
85 Magnanimum ad Minoa uenit sedesque superbas.
Hunc simul ac cupido conspexit lumine uirgo
Regia, quam suauis exspirans castus odores
Lectulus in molli complexu matris alebat,
Quales Eurotae progignunt flumina myrtos
90 Auraue distinctos educit uerna colores,
Non prius ex illo flagrantia declinauit
Lumina quam cuncto concepit corpore flammam
Funditus atque imis exarsit tota medullis.
Heu misere exagitans immiti corde furores,
95 Sancte puer, curis hominum qui gaudia misces,
Quaeque regis Golgos quaeque Idalium frondosum,
Qualibus incensam iactastis mente puellam
Fluctibus in flauo saepe hospite suspirantem!
Quantos illa tulit languenti corde timores,
100 Quanto saepe magis fulgore expalluit auri,
Cum saeuum cupiens contra contendere monstrum

'Sicine me patriis auectam, perfide, ab aris,
Perfide, deserto liquisti in litore, Theseu?
Sicine discedens neglecto numine diuum
135 Immemor ah deuota domum periuria portas?
Nullane res potuit crudelis flectere mentis
Consilium? tibi nulla fuit clementia praesto
Immite ut nostri uellet miserescere pectus?
At non haec quondam blanda promissa dedisti
140 Voce mihi, non haec miserae sperare iubebas,
Sed conubia laeta, sed optatos hymenaeos:
Quae cuncta aerii discerpunt irrita uenti.
Nunc iam nulla uiro iuranti femina credat,
Nulla uiri speret sermones esse fideles:
145 Quis dum aliquid cupiens animus praegestit apisci,
Nil metuunt iurare, nihil promittere parcunt:
Sed simul ac cupidae mentis satiata libido est,
Dicta nihil meminere, nihil periuria curant.
Certe ego te in medio uersantem turbine leti
150 Eripui et potius germanum amittere creui
Quam tibi fallaci supremo in tempore deessem
Pro quo dilaceranda feris dabor alitibusque
Praeda neque iniecta tumulabor mortua terra.
Quaenam te genuit sola sub rupe leaena,
155 Quod mare conceptum spumantibus exspuit undis,
Quae Syrtis, quae Scylla rapax, quae uasta Charybdis,
Talia qui reddis pro dulci praemia uita?
Si tibi non cordi fuerant conubia nostra,
Saeua quod horrebas prisci praecepta parentis,
160 At tamen in uestras potuisti ducere sedes
Quae tibi iucundo famularer serua labore

Quare, facta uirum multantes uindice poena
Eumenides, quibus anguino redimita capillo
Frons exspirantis praeportat pectoris iras,
195 Huc huc aduentate, meas audite querelas,
Quas ego, uae miserae, extremis proferre medullis
Cogor inops, ardens, amenti caeca furore.
Quae quoniam uerae nascuntur pectore ab imo,
Vos nolite pati nostrum uanescere luctum,
200 Sed quali solam Theseus me mente reliquit,
Tali mente, deae, funestet seque suosque.'
    Has postquam maesto profudit pectore uoces
Supplicium saeuis exposcens anxia factis,
Adnuit inuicto caelestum numine rector,
205 Quo nutu tellus atque horrida contremuerunt
Aequora concussitque micantia sidera mundus.
Ipse autem caeca mentem caligine Theseus
Consitus oblito dimisit pectore cuncta
Quae mandata prius constanti mente tenebat,
210 Dulcia nec maesto sustollens signa parenti
Sospitem Erechtheum se ostendit uisere portum.
Namque ferunt olim, classi cum moenia diuae
Linquentem gnatum uentis concrederet Aegeus,
Talia complexum iuueni mandata dedisse:
215   'Gnate mihi longe iucundior unice uita,
Gnate, ego quem in dubios cogor dimittere casus,
Reddite in extrema nuper mihi fine senectae,
Quandoquidem fortuna mea ac tua feruida uirtus
Eripit inuito mihi te, cui languida nondum
220 Lumina sunt gnati cara saturata figura,
Non ego te gaudens laetanti pectore mittam,

Cum thiaso satyrorum et Nysigenis silenis
Te quaerens, Ariadna, tuoque incensus amore.

   .   .   .   .

Quae tum alacres passim lymphata mente furebant
255 Euhoe bacchantes, euhoe capita inflectentes.
Harum pars tecta quatiebant cuspide thyrsos,
Pars e diuulso iactabant membra iuuenco,
Pars sese tortis serpentibus incingebant,
Pars obscura cauis celebrabant orgia cistis,
260 Orgia quae frustra cupiunt audire profani,
Plangebant aliae proceris tympana palmis
Aut tereti tenuis tinnitus aere ciebant,
Multis raucisonos efflabant cornua bombos
Barbaraque horribili stridebat tibia cantu.
265 Talibus amplifice uestis decorata figuris
Puluinar complexa suo uelabat amictu.
   Quae postquam cupide spectando Thessala pubes
Expleta est, sanctis coepit decedere diuis.
Hic, qualis flatu placidum mare matutino
270 Horrificans Zephyrus procliuas incitat undas
Aurora exoriente uagi sub limina solis,
Quae tarde primum clementi flamine pulsae
Procedunt, leuiterque sonant plangore cachinni,
Post uento crescente magis magis increbescunt
275 Purpureaque procul nantes ab luce refulgent,
Sic tum uestibuli linquentes regia tecta
Ad se quisque uago passim pede discedebant.
   Quorum post abitum princeps e uertice Peli
Aduenit Chiron portans siluestria dona:
280 Nam quoscumque ferunt campi, quos Thessala magnis

Laeua colum molli lana retinebat amictum,
Dextera tum leuiter deducens fila supinis
Formabat digitis, tum prono in pollice torquens
Libratum tereti uersabat turbine fusum,

315 Atque ita decerpens aequabat semper opus dens,
Laneaque aridulis haerebant morsa labellis
Quae prius in leui fuerant exstantia filo.
Ante pedes autem candentis mollia lanae
Vellera uirgati custodibant calathisci.

320 Haec tum clarisona uellentes uellera uoce
Talia diuino fuderunt carmine fata,
Carmine perfidiae quod post nulla arguet aetas:
   'O decus eximium magnis uirtutibus augens,
 . Emathiae tutamen opis, clarissime nato,

325 Accipe quod laeta tibi pandunt luce sorores,
Veridicum oraclum.   Sed uos, quae fata secuntur,
Currite ducentes subtegmina, currite, fusi.
   Adueniet tibi iam portans optata maritis
Hesperus, adueniet fausto cum sidere coniunx,

330 Quae tibi flexanimo mentem perfundat amore
Languidulosque paret tecum coniungere somnos
Leuia substernens robusto bracchia collo.
Currite ducentes subtegmina, currite, fusi.
   Nulla domus tales unquam contexit amores,

335 Nullus amor tali coniunxit foedere amantes
Qualis adest Thetidi, qualis concordia Peleo.
Currite ducentes subtegmina, currite, fusi.
   Nascetur uobis expers terroris Achilles,
Hostibus haud tergo, sed forti pectore notus,

340 Qui persaepe uago uictor certamine cursus

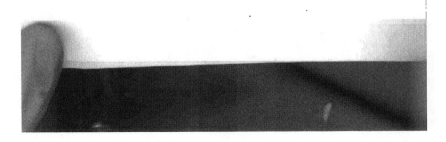

Currite ducentes subtegmina, currite, fusi.
　Quare agite optatos animi coniungite amores.
Accipiat coniunx felici foedere diuam,
Dedatur cupido iam dudum nupta marito.
375 Currite ducentes subtegmina, currite, fusi.
　Non illam nutrix orienti luce reuisens
Hesterno collum poterit circumdare filo
(Currite ducentes subtegmina, currite, fusi),
Anxia nec mater discordis maesta puellae
380 Secubitu caros mittet sperare nepotes.
Currite ducentes subtegmina, currite, fusi.'
　Talia praefantes quondam felicia Pelei
Carmina diuino cecinerunt pectore Parcae.
· Praesentes namque ante domos inuisere castas
385 Heroum et sese mortali ostendere coetu
Caelicolae nondum spreta pietate solebant.
Saepe pater diuum templo in fulgente, reuisens
Annua cum festis uenissent sacra diebus,
Conspexit terra centum procumbere tauros.
390 Saepe uagus Liber Parnasi uertice summo
　Thyiadas effusis euantis crinibus egit,
Cum Delphi tota certatim ex urbe ruentes
Acciperent laeti diuum fumantibus aris.
Saepe in letifero belli certamine Mauors
395 Aut rapidi Tritonis era aut Rhamnusia uirgo
Armatas hominum est praesens hortata cateruas.
Sed postquam tellus scelere est imbuta nefando,
Iustitiamque omnes cupida de mente fugarunt,
Perfudere manus fraterno sanguine fratres,
400 Destitit exstinctos natus lugere parentes,

20   Procurrit casto uirginis e gremio,
      Quod miserae oblitae molli sub ueste locatum,
        Dum aduentu matris prosilit, excutitur;
      Atque illud prono praeceps agitur decursu,
      Huic manat tristi conscius ore rubor.

66.

Omnia qui magni dispexit lumina mundi,
    Qui stellarum ortus comperit atque obitus,
Flammeus ut rapidi solis nitor obscuretur,
    Vt cedant certis sidera temporibus,
5 Vt Triuiam furtim sub Latmia saxa relegans
    Dulcis amor gyro deuocet aerio,
Idem me ille Conon caelesti in lumine uidit
    E Bereniceo uertice caesariem
Fulgentem clare, quam cunctis illa deorum
10   Leuia protendens bracchia pollicita est,
Qua rex tempestate nouo auctus hymenaeo
   Vastatum finis iuerat Assyrios,
Dulcia nocturnae portans uestigia rixae
    Quam de uirgineis gesserat exuuiis.
15 Estne nouis nuptis odio Venus, atque parentum
    Frustrantur falsis gaudia lacrimulis
Vbertim thalami quas intra limina fundunt?
    Non, ita me diui, uera gemunt, iuerint.
Id mea me multis docuit regina querelis
20   Inuisente nouo proelia torua uiro.
At tu non orbum luxti deserta cubile,
    Sed fratris cari flebile discidium?

Vnigena impellens nutantibus aera pennis
  Obtulit Arsinoes † elocridicos ales equus,
55 Isque per aetherias me tollens auolat umbras
  Et Veneris casto conlocat in gremio.
Ipsa suum Zephyritis eo famulum legarat,
  Graia Canopiis incola litoribus,
† Hi dii uen ibi uario ne solum in lumine caeli
60   Ex Ariadneis aurea temporibus
Fixa corona foret, sed nos quoque fulgeremus
  Deuotae flaui uerticis exuuiae,
Vuidulam a fletu cedentem ad templa deum me
  Sidus in antiquis diua nouum posuit :
65 Virginis et saeui contingens namque Leonis
  Lumina, Callisto iuncta Lycaoniae,
Vertor in occasum, tardum dux ante Booten,
  Qui uix sero alto mergitur Oceano.
Sed quamquam me nocte premunt uestigia diuum,
70   Lux autem canae Tethyi restituit,
(Pace tua fari hic liceat, Rhamnusia uirgo :
  Namque ego non ullo uera timore tegam,
Nec si me infestis discerpent sidera dictis,
  Condita quin ueri pectoris euoluam)
75 Non his tam laetor rebus quam me afore semper
  Afore me a dominae uertice discrucior,
Quicum ego, dum uirgo quondam fuit, omnibus expers
  Vnguentis, una milia multa bibi.
Nunc uos optato quom iunxit lumine taeda,
80   Non prius unanimis corpora coniugibus
Tradite nudantes reiecta ueste papillas,
  Quam iucunda mihi munera libet onyx,

Sed facere ut quiuis sentiat et uideat.
'Qui possum? nemo quaerit nec scire laborat.'
Nos uolumus; nobis dicere ne dubita.
'Primum igitur, uirgo quod fertur tradita nobis,
20   Falsum est.   Non illam uir prior attigerit,
Languidior tenera cui pendens sicula beta
   Nunquam se mediam sustulit ad tunicam :
Sed pater illius gnati uiolasse cubile
   Dicitur et miseram conscelerasse domum.
25 Siue quod impia mens caeco flagrabat amore,
   Seu quod iners sterili semine natus erat
Et quaerendus is unde foret neruosius illud
   Quod posset zonam soluere uirgineam.'
Egregium narras mira pietate parentem,
30   Qui ipse sui gnati minxerit in gremium.
'Atqui non solum hoc se dicit cognitum habere
   Brixia † chinea suppositum specula,
Flauus quam molli praecurrit flumine Mella,
   Brixia, Veronae mater amata meae,
35 Sed de Postumio et Corneli narrat amore,
   Cum quibus illa malum fecit adulterium.
Dixerit hic aliquis, "Quid? tu istaec, ianua, nosti,
   Cui nunquam domini limine abesse licet,
Nec populum auscultare, sed hic suffixa tigillo
40   Tantum operire soles aut aperire domum?"
Saepe illam audiui furtiua uoce loquentem
   Solam cum ancillis haec sua flagitia,
Nomine dicentem quos diximus, ut pote quae mi
   Speraret nec linguam esse nec auriculam.
45 Praeterea addebat quendam, quem dicere nolo

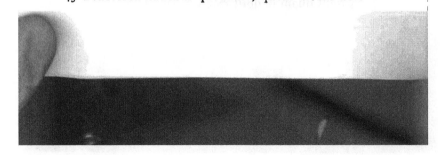

25 Cuius ego interitu tota de mente fugaui
    Haec studia atque omnes delicias animi.
    Quare, quod scribis Veronae turpe Catullo
    Esse quod hic quisquis de meliore nota
    Frigida deserto tepefactet membra cubili,
30   Id, Manli, non est turpe, magis miserum est.
    Ignosces igitur, si, quae mihi luctus ademit,
    Haec tibi non tribuo munera, cum nequeo.
    Nam quod scriptorum non magna est copia apud me,
    Hoc fit quod Romae uiuimus : illa domus,
35 Illa mihi sedes, illic mea carpitur aetas ;
    Huc una ex multis capsula me sequitur.
    Quod cum ita sit, nolim statuas nos mente maligna
    Id facere aut animo non satis ingenuo
    Quod tibi non utriusque petenti copia parta est :
40   Vltro ego deferrem, copia siqua foret.

68ᵇ.

Non possum reticere, deae, qua me Allius in re
    Iuuerit aut quantis iuuerit officiis,
Ne fugiens saeclis obliuiscentibus aetas
    Illius hoc caeca nocte tegat studium :
45 Sed dicam uobis, uos porro dicite multis   5
    Milibus et facite haec charta loquatur anus

    .   .   .   .

    Notescatque magis mortuus atque magis,
    Nec tenuem texens sublimis aranea telam
50   In deserto Alli nomine opus faciat.   10
    Nam mihi quam dederit duplex Amathusia curam

Quam ueniens una atque altera rursus hiems
Noctibus in longis auidum saturasset amorem,
   Posset ut abrupto uiuere coniugio :
85 Quod scibant Parcae non longo tempore abesse,   45
   Si miles muros isset ad Iliacos :
Nam tum Helenae raptu primores Argiuorum
   Coeperat ad sese Troia ciere uiros,
Troia (nefas) commune sepulcrum Asiae Europaeque,
90   Troia uirum et uirtutum omnium acerba cinis : 50
Quaene etiam nostro letum miserabile fratri
   Attulit.   Hei misero frater adempte mihi,
Hei misero fratri iucundum lumen ademptum,
   Tecum una tota est nostra sepulta domus,
95 Omnia tecum una perierunt gaudia nostra,   55
   Quae tuus in uita dulcis alebat amor.
Quem nunc tam longe non inter nota sepulcra
   Nec prope cognatos compositum cineres,
Sed Troia obscena, Troia infelice, sepultum
100   Detinet extremo terra aliena solo.   60
Ad quam tum properans fertur simul undique pubes
   Graeca penetralis deseruisse focos,
Ne Paris abducta gauisus libera moecha
   Otia pacato degeret in thalamo.
105 Quo tibi tum casu, pulcherrima Laodamia,   65
   Ereptum est uita dulcius atque anima
Coniugium : tanto te absorbens uertice amoris
   Aestus in abruptum detulerat barathrum,
Quale ferunt Grai Pheneum prope Cylleneum
110   Siccare emulsa pignue palude solum,   70
Quod quondam caesis montis fodisse medullis

. . . .
. . . .

Ingratum tremuli tolle parentis onus.
Nec tamen illa mihi dextra deducta paterna
Fragrantem Assyrio uenit odore domum,
145 Sed furtiua dedit mira munuscula nocte   105
Ipsius ex ipso dempta uiri gremio.
Quare illud satis est, si nobis is datur unis
Quem lapide illa diem candidiore notat.

Hoc tibi quod potui confectum carmine munus
150 Pro multis, Alli, redditur officiis,   110
Ne uestrum scabra tangat robigine nomen
Haec atque illa dies atque alia atque alia.
Huc addent diui quam plurima, quae Themis olim
Antiquis solita est munera ferre piis :
155 Sitis felices et tu simul et tua uita   115
Et domus, in qua nos lusimus et domina,
Et qui principio nobis † terram dedit aufert,
A quo sunt primo omnia nata bona,
Et longe ante omnes mihi quae me carior ipso est,
160 Lux mea, qua uiua uiuere dulce mihi est.   120

69.

Noli admirari quare tibi femina nulla,
Rufe, uelit tenerum supposuisse femur,
Non si illam rarae labefactes munere uestis
Aut perluciduli deliciis lapidis.
5 Laedit te quaedam mala fabula, qua tibi fertur
Valle sub alarum trux habitare caper.

73.

Desine de quoquam quicquam bene uelle mereri
  Aut aliquem fieri posse putare pium.
Omnia sunt ingrata, nihil fecisse benigne :
  Immo etiam taedet, taedet obestque magis :
5 Vt mihi, quem nemo grauius nec acerbius urget
  Quam modo qui me unum atque unicum amicum
    habuit.

74.

Gellius audierat patruum obiurgare solere,
  Si quis delicias diceret aut faceret.
Hoc ne ipsi accideret, patrui perdepsuit ipsam
  Vxorem et patruum reddidit Harpocratem.
5 Quod uoluit fecit : nam, quamuis irrumet ipsum
  Nunc patruum, uerbum non faciet patruus.

75.

Huc est mens deducta tua, mea Lesbia, culpa,
  Atque ita se officio perdidit ipsa suo,
Vt iam nec bene uelle queat tibi, si optuma fias,
  Nec desistere amare, omnia si facias.

76.

Si qua recordanti benefacta priora uoluptas
  Est homini, cum se cogitat esse pium,
Nec sanctam uiolasse fidem, nec foedere in ullo
  Diuum ad fallendos numine abusum homines,

84.

Chommoda dicebat, si quando commoda uellet
    Dicere, et insidias Arrius hinsidias,
Et tum mirifice sperabat se esse locutum
    Cum quantum poterat dixerat hinsidias.
5 Credo, sic mater, sic liber auunculus eius,
    Sic maternus auus dixerat atque auia.
Hoc misso in Syriam requierant omnibus aures :
    Audibant eadem haec leniter et leuiter,
Nec sibi postilla metuebant talia uerba,
10   Cum subito adfertur nuntius horribilis
Ionios fluctus, postquam illuc Arrius isset,
    Iam non Ionios esse, sed Hionios.

85.

Odi et amo.   Quare id faciam fortasse requiris.
    Nescio, sed fieri sentio et excrucior.

86.

Quintia formosa est multis, mihi candida, longa,
    Recta est.   Haec ego sic singula confiteor,
Totum illud 'formosa' nego : nam nulla uenustas,
    Nulla in tam magno est corpore mica salis.
5 Lesbia formosa est, quae cum pulcherrima tota est,
    Tum omnibus una omnis subripuit Veneres.

87.

Nulla potest mulier tantum se dicere amatam
    Vere, quantum a me Lesbia amata mea es :

91.

Non ideo, Gelli, sperabam te mihi fidum
   In misero hoc nostro, hoc perdito amore fore
Quod te cognossem bene constantemue putarem
   Aut posse a turpi mentem inhibere probro,
5 Sed neque quod matrem nec germanam esse uidebam
   Hanc tibi cuius me magnus edebat amor ;
Et quamuis tecum multo coniungerer usu,
   Non satis id causae credideram esse tibi.
Tu satis id duxti : tantum tibi gaudium in omni
10   Culpa est in quacumque est aliquid sceleris.

92.

Lesbia mi dicit semper male nec tacet unquam –
   De me : Lesbia me dispeream nisi amat.
Quo signo ? quia sunt totidem mea : deprecor illam
   Adsidue, uerum dispeream nisi amo.

93.

Nil nimium studeo, Caesar, tibi uelle placere,
   Nec scire utrum sis albus an ater homo.

94.

Mentula moechatur. Moechatur mentula certe.
   Hoc est quod dicunt, ipsa olera olla legit.

Meque esse inuenies illorum iure sacratum, `.
     Corneli, et factum me esse puta Harpocratem.

103.

Aut sodes mihi redde decem sestertia, Silo,
     Deinde esto quamuis saeuus et indomitus:
Aut, si te nummi delectant, desine quaeso
     Leno esse atque idem saeuus et indomitus.

104.

Credis me potuisse meae maledicere uitae,
     Ambobus mihi quae carior est oculis?
Non potui, nec, si possem, tam perdite amarem:
     Sed tu cum Tappone omnia monstra facis.

105.

Mentula conatur Pipleum scandere montem:
     Musae furcillis praecipitem eiciunt.

106.

Cum puero bello praeconem qui uidet esse,
     Quid credat, nisi se uendere discupere?

107.

Si cui quid cupido optantique obtigit unquam
     Insperanti, hoc est gratum animo proprie.
Quare hoc est gratum nobis quoque, carius auro,
     Quod te restituis, Lesbia, mi cupido:

Fraudando † efficit plus quam meretricis auarae,
Quae sese toto corpore prostituit.

III.

Aufilena, uiro contentam uiuere solo
Nuptarum laus e laudibus eximiis :
Sed cuiuis quamuis potius succumbere par est
Quam matrem fratres ex patruo parere.

112.

Multus homo est, Naso, neque tecum multus homo
     est qui
Descendit : Naso, multus es et pathicus.

113.

Consule Pompeio primum duo, Cinna, solebant
Maeciliam : facto consule nunc iterum
Manserunt duo, sed creuerunt milia in unum
Singula. Fecundum semen adulterio.

114.

Firmanus saltu non falso Mentula diues
Fertur, qui tot res in se habet egregias,
Aucupium omne genus, piscis, prata, arua, ferasque.
Nequiquam : fructus sumptibus exsuperat.
5 Quare concedo sit diues, dum omnia desint ;
Saltum laudemus, dum domo ipse egeat.

GREEK TEXT-BOOKS.

Text of each, separate, 40 cents.

Copies sent to Teachers for Examination, with a view to Introduction, on receipt of Introduction Price. The above list is not quite complete.

GINN & COMPANY, Publishers,

BOSTON, NEW YORK, and CHICAGO.

9 781376 230918